U0552071

唐朝的七天

古代人的一天

段张取艺 著绘

中信出版集团 | 北京

图书在版编目（CIP）数据

唐朝的七天 / 段张取艺著绘 . -- 北京 : 中信出版社 , 2024.12
（古代人的一天）
ISBN 978-7-5217-5160-4

Ⅰ.①唐… Ⅱ.①段… Ⅲ.①中国历史－唐代－少儿读物 Ⅳ.① K242.09

中国版本图书馆 CIP 数据核字（2022）第 250629 号

唐朝的七天
（古代人的一天）

著 绘 者：段张取艺
出版发行：中信出版集团股份有限公司
　　　　　（北京市朝阳区东三环北路27号嘉铭中心　邮编　100020）
承 印 者：北京盛通印刷股份有限公司

开　本：889mm×1092mm　1/16	印　张：3.75	字　数：120千字
版　次：2024年12月第1版	印　次：2024年12月第1次印刷	
书　号：ISBN 978-7-5217-5160-4		
定　价：35.00元		

版权所有·侵权必究
如有印刷、装订问题，本公司负责调换。
服务热线：400-600-8099
投稿邮箱：author@citicpub.com

前言

一个朝代，短则几十年，长则数百年。在漫长的历史进程中，有多少帝王叱咤风云，又有多少王侯将相书写传奇？这么多的历史人物和精彩故事，该讲哪个？又该怎么去讲？一个个繁杂纷扰、荡气回肠的故事要如何抽丝剥茧，讲得有趣通透？一个个波谲云诡、人物众多的事件要如何讲得娓娓动听？

显然，以常规方式给孩子讲述历史故事不是我们的风格。我们曾采用虚构"一天"的创意手法来呈现古代人的生活、工作，那能不能用这样的方式来讲述朝代的故事呢？于是，我们想到了一周——七天。

七天，无论是学生党，还是上班族，我们每个人都早已习惯这个时间周期，它在我们的生活中周而复始，循环不断。用七天来讲述一个朝代，充满挑战和想象力。

七天，用七个故事串联起一个朝代，对于小读者来说，这既容易吸引他们阅读，还能让他们保持极高的兴趣去接触和了解历史。通过本书，他们能迅速地了解朝代是如何建立、怎么兴盛，又是如何衰落、怎么灭亡的。更重要的是，用"七天"这个非常容易理解的概念，可以帮助小读者快速整体感知一个朝代，让他们从全局的视角去看待朝代的更替。

唐朝，有雄才大略又开明纳谏的唐太宗，有政治手段高明、雄心勃勃的唯一女皇武则天；有四海宾服、万邦来朝的开元盛世，也有藩镇割据、山河破碎的安史之乱。唐朝的故事是这样的气势雄浑，又是这样的令人扼腕长叹。长河东逝，无论多么强大的王朝，也终归有走向没落的一天。

用七天来讲述一个朝代的发展历程，真的是困难重重，充满挑战。

首先，我们需要在成百上千个历史事件中反复斟酌，以挑选出七个最重要的故事来构建七天。我们在创作时定好了基本的筛选标准，以孩子们历史教材上的重要历史事件作为首选，史书上每个朝代独有的人或事、惠及千秋万代、事关朝代国运命脉的也都选了进来。

其次，选择好事件后，还需要将事件之间的割裂之处进行填补。为此，我们在体例上做文章，设计了专门的栏目力求填补这些历史缝隙。

最终，我们把每个事件自然地衔接起来，把朝代不同阶段的发展连成一个整体，终于形成了完整的叙事节奏。窥一斑而知全豹，希望孩子们在朝代的"七天"中了解历史的面貌，理解王朝兴衰之必然，这就是我们呈现此书的最大意义！

张卓明

目录

第一天	第二天	第三天	第四天
贞观之治	女皇登基	盛世大唐	马嵬坡下
4	12	18	26

中国的历史很长很长，但比起一条长长的线，它其实更像一条长长的珍珠项链。一个个大大小小的事件，就像一颗颗珍珠，缀连在一起，最终穿成了几千年的中华历史。

这本书名为《唐朝的七天》，"七天"不是真正意义上的七天，它浓缩了一个朝代的七个重要的历史事件，展现了这个朝代的兴起、兴盛、转折直至灭亡。

一个王朝的历史，在这七天里，就可见一斑。

第五天
元和中兴

34

第六天
甘露之变

40

第七天
黄巢起义

46

开放包容的长安

52

唐朝历史大事件

54

第一天 贞观之治

618年，李渊称帝，建立唐朝，定都长安。626年，唐太宗李世民即位，唐朝自此开启了盛世局面。唐太宗（年号贞观）统治期间，社会安定，经济快速发展，国力强盛，史称贞观之治。

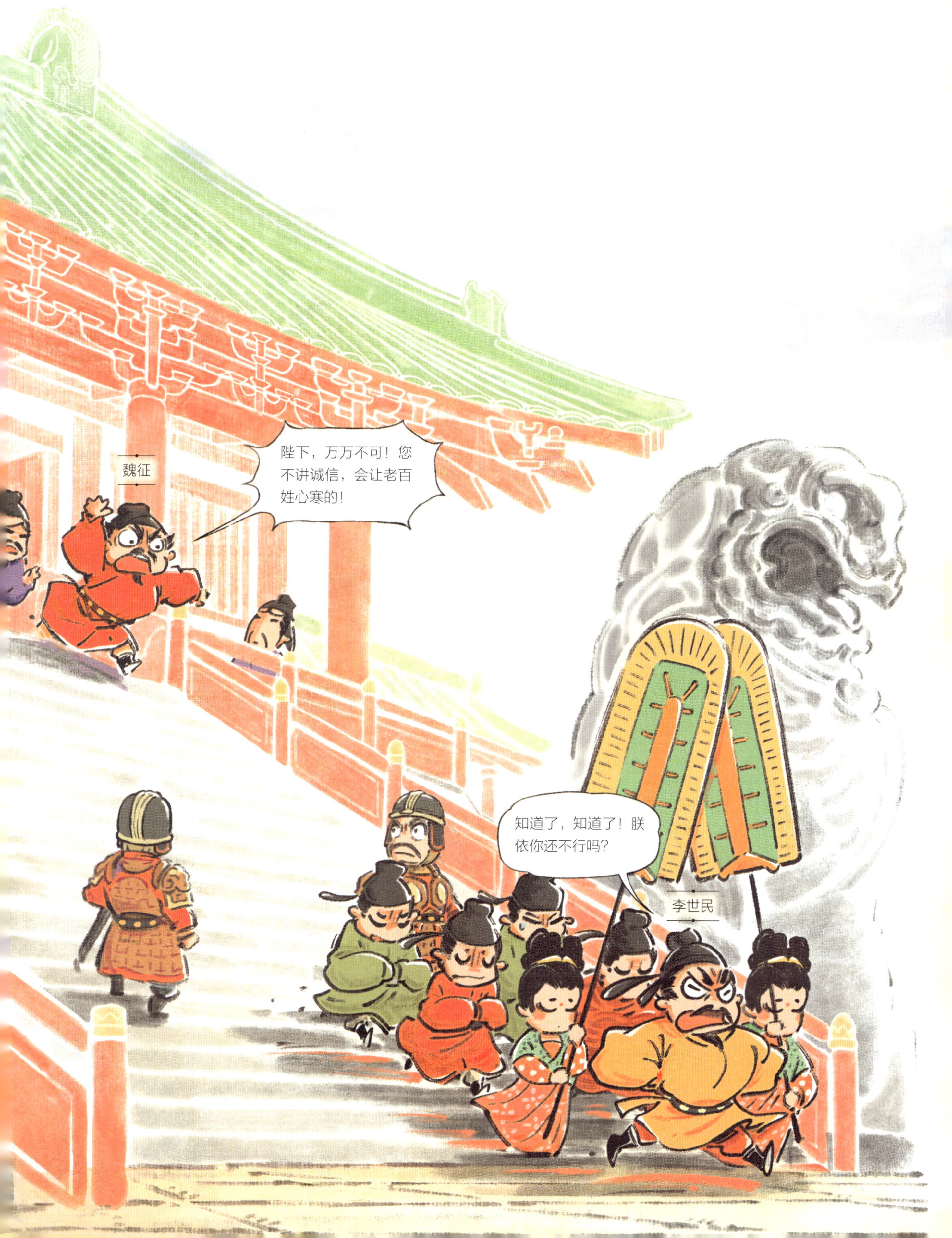
魏征
陛下，万万不可！您不讲诚信，会让老百姓心寒的！
知道了，知道了！朕依你还不行吗？
李世民

国家初定，百废待兴，李世民吸取隋朝快速亡国的教训，勤于政事，重用敢于直言进谏的魏征，并称赞魏征为自己的镜子。不过魏征经常当面指责李世民，而且不留情面，脾气再好的皇帝也有被惹毛的一天。

巳正（10：00）
气死朕了

这一天，李世民下朝后回到后宫，想到连自己给女儿陪送嫁妆魏征都要管，就气不打一处来，越想越气，直接破口大骂。

> 哼！我早晚要了这个乡巴佬的命！

李世民

> 那个魏征！一点面子也不给我留！

长孙皇后

> 陛下稍候，臣妾去去就来。

巳正二刻（10：30）
皇上请等一下

长孙皇后得知皇帝是被魏征气的，立刻回屋换了最隆重的衣服来见李世民。

> 魏征直言肯谏，正说明陛下是圣主明君！

> 皇后请起，朕明白了！

午初（11：00）
怒气全消

身着盛装的长孙皇后向李世民郑重行礼，并表达祝贺。她说英明的君主才会有那样正直的大臣。李世民顿时怒气全消。

未正（14:00）
有人告魏征的状

有人状告魏征徇私枉法，这让李世民很好奇，又有一点儿抓住魏征缺点的小兴奋。

> 陛下，魏征办事不公，偏袒自家的亲戚！

> 是吗？那要好好查一查！

申初二刻（15:30）
这个性得改

负责调查的官员温彦博很快就回报了，原来是一场误会。李世民想顺势好好敲打一下魏征，就让温彦博找魏征，好让他改改大大咧咧的态度。

温彦博

> 臣问过了，举报的事纯属子虚乌有，但魏征也该检讨一下自己。

> 那你去告诉魏征，以后做事要注意言行举止，学会避嫌。

酉初（17：00）
魏征有不同想法

对于皇帝的敲打，魏征并不接受。他还专程进宫一趟，向李世民陈说自己的想法。

> 臣听说，君臣一心，才能治理好国家。

魏征

> 如果大家遇到事情就回避，国家的未来将难以预料。臣不敢这样做。

嗯

> 你说得对！朕收回之前的话。

酉初二刻（17：30）
君臣同心

魏征分析得头头是道，李世民听了频频点头。这时候魏征又提出一个请求，让李世民有些摸不着头脑。

> 希望陛下允许微臣成为一个良臣，而不是忠臣。

> 良臣和忠臣有什么区别吗？

魏征用古人的例子，来解释什么是良臣和忠臣。

像皋陶那样，能帮助君主治理好天下，君臣都留下好名声的，就是良臣。

像比干那样的就是忠臣，他们指责君主的过错，结果自己被杀，只留一个空名，但使君主陷于昏暴，国家也灭亡了。

爱卿说得太好了！往后你做良臣，朕做明君！

哈哈哈

酉正（18：00）
聊得很尽兴

皇帝一下子就明白了，魏征是在用历史故事劝谏自己：只有善于听取他人的建议，才能当一个好皇帝，才能于国家有益。

次日 | 卯正（6：00）
有事尽管说

第二天早朝的时候，李世民真诚地让所有臣子畅所欲言，多多提建议，协助他成为明君。

> 如果皇帝不听劝说，导致国家灭亡，臣子们也无法保全性命。

> 朕需要你们勇敢地指出朕的过失！

‖ 明君的修炼 ‖

此后，只要有臣子来与李世民讨论政事，李世民都会收起自己的脾气，耐心地听他们的意见，真正做到了用明君的标准来约束自己。

> 陛下，此事应该这样……再那样……

> 魏征什么时候说完呀……

之后的故事

凌烟阁二十四功臣

李世民为了表彰跟他一起打天下、治理天下的功臣们，让大画家阎立本为24名功勋最为卓著的大臣画像留念。其中就有魏征、秦叔宝、长孙无忌、李靖这些我们耳熟能详的人物。画像悬挂于凌烟阁内。

唐蕃和亲

吐蕃赞普松赞干布仰慕唐朝文化，派使者向唐朝求婚，李世民同意将文成公主嫁给他。文成公主给吐蕃带去了中原的很多先进技术，帮助吐蕃人民改善了生活。

房谋杜断

文官里，李世民重用房玄龄、杜如晦两人，他们一个善谋略，一个善决断，都是贤相，为唐初天下大治做出了杰出的贡献。

四方来朝

630年，李世民派大将李靖击败东突厥，加强对西域的统治，实行开明的民族政策，得到了周边各族的拥戴，被北方和西北地区各族首领尊为"天可汗"。而后，李世民又平定了吐谷浑、高昌。东北、西北、西南等地区的一些少数民族建立的政权与唐朝往来关系密切。

唐朝的好开局

唐太宗李世民听得进不同的意见，重用有能力的人才。他在位期间，很少征召百姓做苦力，国家太平，人民安定。史上称这段时期为"贞观之治"。李世民的努力也为后来大唐的强盛奠定了坚实的基础。

第二天

女皇登基

唐高宗李治继承皇位后,一个传奇的女子武则天登上了历史舞台。武则天,名曌,是李治的皇后,李治身体不好,她便帮着李治处理政事,与李治共掌朝政。武则天有着非凡的政治才能,李治去世后,她大权独揽,一步步迈向权力的顶峰。

武则天

卯正（6：00）
太后请登基

登基大典即将举行，武则天在宫女们的协助下穿上衮服，戴上冠冕。她回想起前几天，数万人请命，希望她登基称帝。当时，皇帝李旦也请求让位，并求武则天赐他改姓为武。

哇！有凤凰降临！

太后称帝，这是众望所归呀！

武则天

辰初（7：00）
顺应天意

文武百官联名上疏，说有人看到凤凰在明堂上空徘徊很久才离开，再次请求武则天称帝。武则天这才下令说同意李旦和文武百官的请求，决定登基为皇帝。

既然天意如此，哀家就顺应天意吧！

东都洛阳

唐朝最早建都在长安，武则天改都洛阳，因此，洛阳又被称为"东都"。洛阳为南北大运河起点，中外商人云集，是当时最繁华的商业都会。

巳初（9：00）
万民瞩目的时刻

武则天戴上皇帝的冕旒，登上城楼。登基大典正式开始。群臣站在楼下和数万民众遥遥观瞻女皇的风采。

太后变成皇帝了？

哇

巳正（10：00）
女皇诞生

武则天亲自到明堂祭祀，宣布大赦天下。

大赦天下！

年号和改元

年号是古代帝王颁布的用来纪年的一种名称，由汉武帝创立。新皇帝即位，次年会用新年号纪年，也有一帝在位因为遇到大事而多次更改年号的。因为每个年号的第一年叫某某元年，所以改年号也称作改元。

午初（11：00）
巅峰时刻

武则天宣布改国号为周，改年号为天授。武则天接过玉玺，心想以后可以名正言顺地坐上皇帝宝座了。

万岁 万岁

午初二刻（11：30）
庆祝的时候到了

典礼结束，武则天大摆宴席，宴请群臣和外国使臣，并下令举国同庆。百官尊称女皇为圣神皇帝，所有人都高呼万岁。

> 大家敞开了吃，吃个七天七夜！

‖ 治理国家有一手的女皇 ‖

武则天当了皇帝，政治斗争趋向缓和，政权逐渐稳定下来。她任用贤能，举行殿试和武举，选拔任用了狄仁杰、娄师德、张柬之等将相。她还减轻赋税、劝课农桑，整个国家变得越来越好了。

之后的故事

任用酷吏

登基之前,武则天重用周兴、来俊臣等酷吏清除异己、打击政敌,登基之后,她开始铲除酷吏安定民心。

狄仁杰

狄仁杰是武则天时期的名臣,在大理寺丞任上,一年内判决大量积压案件,涉及一万多人,没有一个人喊冤。后来他官至宰相,武则天称他为"国老"。

晋升的新道路

702年,武则天开创"武举制",让习武之人也有机会进入仕途。此举不仅为朝廷储备了大量武将人才,一时间民众强身健体的热情也空前高涨。

无字碑

武则天死后,葬于乾陵,墓碑上没有刻一个字。她在封建时代突破重重阻碍成为女皇,实在很难用简单的语言概括她的一生,所以这个无字碑,倒是非常适合她。

良好的过渡时期

武则天把持朝政的十几年里,武周朝的人口增长到了六百余万户,此外,她还改革了科举考试,增加了殿试,选拔了一批优秀的人才,武则天晚年被迫让位于三儿子李显,李显恢复唐朝国号,后来,唐玄宗李隆基继承了皇位,唐朝最鼎盛的时期就要到来了。

第三天

盛世大唐

李隆基多才多艺且精明强干，他即位后，任用贤能，整顿弊政，大唐一步一步进入鼎盛时期。这时候的大唐，国力强盛，开放开明，威服四方，以它独特的魅力吸引着众多的仰慕者纷至沓来：各个国家的人或来长安经商贸易，或来长安学习、做官。717年，又一批日本遣唐使横渡大海，向着令他们神往的大唐进发。

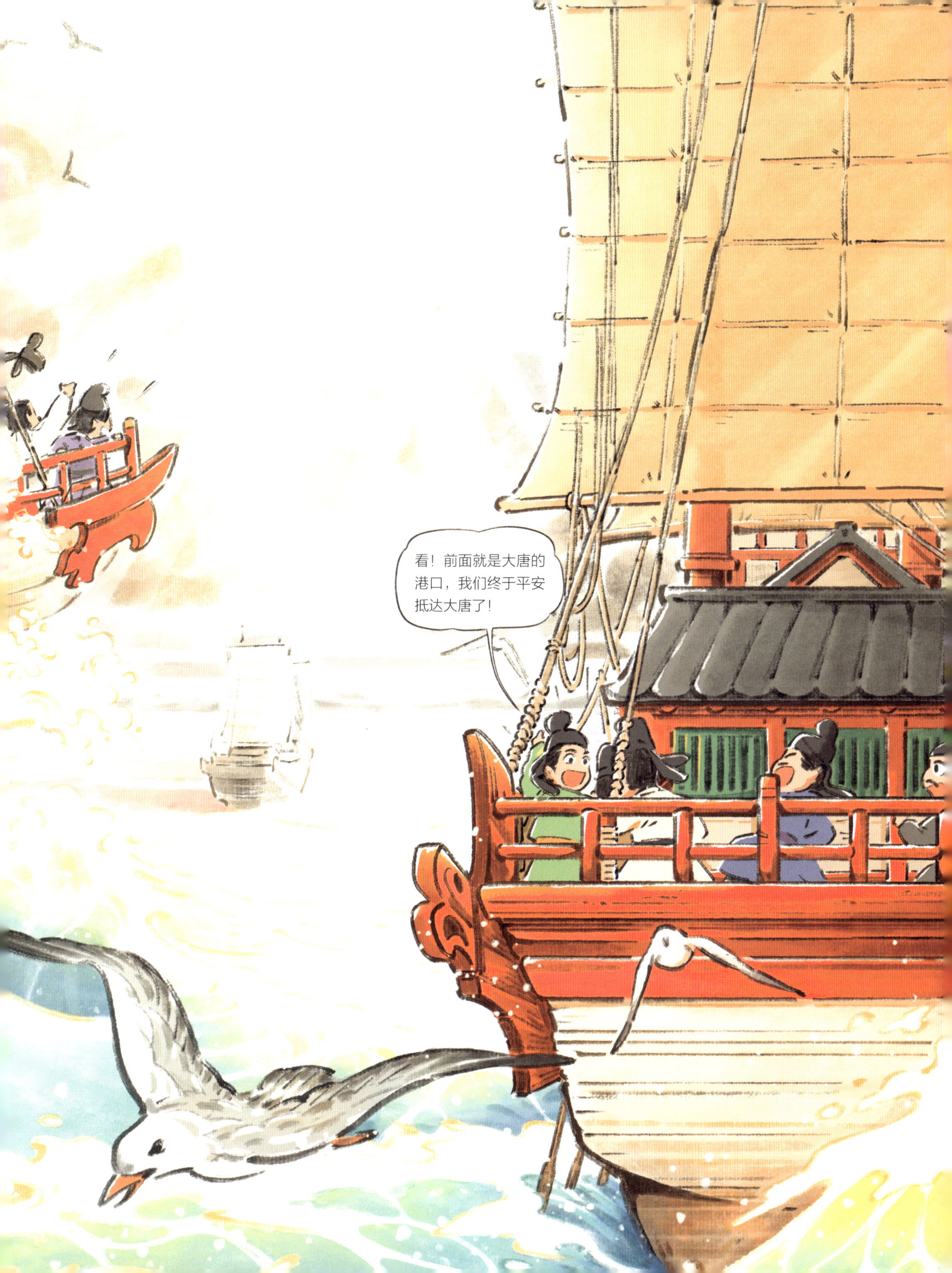
看！前面就是大唐的港口，我们终于平安抵达大唐了！

漫长的旅程

渡过了变幻莫测的茫茫大海，遣唐使们终于踏上了大唐的土地。他们拿着当地官府发的通行证，得到了沿路各州府的免费食宿招待，还有专差一路护送。

> 快看！远处就是洛阳城了！

几个月后，使团来到了东都洛阳。阿倍仲麻吕和吉备真备看到高耸的城墙和繁华的街道，不禁感叹万分。

> 这在日本是不可想象的！

> 大唐真是强大富有啊！

前一天｜申正（16：00）
住进了鸿胪寺

鸿胪寺派人安置好使团，等待皇帝的召见。

鸿胪寺

负责朝会、封授等礼仪，以及接待外国使者的机构。

> 大家先安顿下来，等待圣人的召见。

> 大人费心了！

> 多治比县守大使，圣人今天召见各位使臣！

> 太好了！今天可以见到皇帝陛下了！

卯正（6：00）
今天会被召见

不久后，宫里派人前来告诉大家一个好消息。

辰初（7:00）
激动人心的时刻

大使、副使还有几位判官穿上隆重的服饰，代表使团来到紫微城应天门等候觐见大唐天子。

日本遣唐使

7世纪的日本十分向往大唐的优秀文化，不断派出使团来到唐朝学习交流，一直坚持了200多年。这些遣唐使将大唐先进制度、文字、建筑技术等带回日本，为中日友好交流和日本社会发展做出了重要的贡献。

巳正（10：00）
漂洋过海送来的礼物

使臣们拜见唐玄宗，向皇帝献上了国书及从日本带来的礼物。

> 日本使臣远道而来，路上可还顺利？

唐玄宗

> 托圣人的洪福，我们平安地抵达了大唐，见到了圣人。

皇帝答应了使臣学习的请求，阿倍仲麻吕、吉备真备等被允准进入国子监学习。

> 我们仰慕大唐的文化礼仪，恳请圣人允许我们在大唐学习。

> 恩准诸位留学生进入国子监学习！

> 谢陛下恩典！

巳正三刻（10：45）
准备开始读书了

完成了朝贡之后，遣唐使的留学生们迫不及待地赶往国子监，准备开始接受大唐文化的洗礼。

> 听说会有一个非常厉害的老师来教我们。

> 真是太期待了，我们先去国子监看看吧！

‖ 留学生的故事 ‖

吉备真备在大唐学习了19年后，带着众多的典籍回到了日本。阿倍仲麻吕则留在大唐，取了一个中国名字晁衡，考取了进士，成为大唐的官员，颇得唐玄宗器重。753年，阿倍仲麻吕东归，但遇大风，又折返回长安，继续做官，直至去世。

> 封晁衡为左春坊司经局校书！负责整理典籍。

在唐朝做官的外国人

唐朝社会风气开放，对不同民族、不同文化的包容度很高。据说，在大唐做过官的外国人有3000多名，日本留学生阿倍仲麻吕不仅熟读经书，会写诗，还与李白、王维等人成了很好的朋友。

之后的故事

一代名相

开元初年,唐玄宗任命姚崇为宰相。姚崇为人洒脱,善随机应变、敢于革新。有一次他请了十几天假,回来后公务堆积如山。但他很快就干净利落地全部处理完毕,因此被称为救时之相。

开元盛世

开元年间,唐玄宗励精图治,举贤任能。大唐国库粮仓充盈,百姓生活富足,文学艺术繁盛,国力强盛。杜甫曾经回忆道:"忆昔开元全盛日,小邑犹藏万家室。"

"诗仙"李白

李白是盛唐时期的代表诗人。"天生我材必有用,千金散尽还复来。"他的诗豪迈奔放,富有浪漫主义情怀,正是当时盛唐风貌的最佳体现。

改元天宝

742年,唐玄宗认为自己已经做完作为皇帝该做的事情,所以准备好好享受生活了,并改元天宝。这说明唐玄宗的心态由勤于政事变成了贪图享乐。

繁华下的危机

天宝年间,唐玄宗把管理朝政的事情交给了大臣李林甫,李林甫当了十九年宰相,其间大权独揽、闭塞言路、任用小人、排除异己,又大力举荐番将安禄山。唐玄宗对安禄山极其宠信,让他做了三个藩镇的节度使,安禄山手中的权力盛极一时,危机已经开始形成。

第四天

马嵬坡下

752年，宰相李林甫死后，杨国忠代任右相，大唐命运转折点即将来临。野心勃勃的安禄山与杨国忠不和，755年冬，他借着讨伐杨国忠的名义起兵叛乱，史称"安史之乱"。战争爆发后，官军节节败退，潼关失守，长安门户大开。唐玄宗带着杨贵妃、宰相杨国忠和一众亲信，在禁卫军统领陈玄礼的护卫下慌慌张张地逃出了长安城。

我好饿啊，有早饭吗？
吃点胡饼填一下肚子吧。
陛下，您放心，到了蜀中，微臣老家全是各种好吃好喝的。
杨国忠
唐玄宗
你最好没有骗朕……

755年，节度使安禄山及其部将史思明以讨伐奸臣杨国忠为借口，在范阳起兵。唐朝开始了长达八年的战乱。自此，唐朝的国力由盛转衰，大唐辉煌不再。

藩镇崛起

唐朝幅员辽阔，为了管辖边境地区，唐玄宗李隆基在边地设置十节度经略使，全权管理军事、土地、人口，并掌握财政大权，俨然成为"国中国"，后演变为藩镇。安禄山、史思明就是其中的代表。

杨国忠

他们骑着马倒是怪舒服的。

都怪那个杨国忠，奸臣一个！

没见过皇帝自己跑了的，这叫什么事啊！

陈玄礼

未正（14：00）
狼狈出逃

唐玄宗带着亲信从长安出逃，生怕被叛军追上，拼命赶路，要多狼狈有多狼狈。又饿又累的将士们怨声载道，认为这样的状况全是杨国忠导致的，愤怒至极。

酉初（17：00）
怒火中烧的军士

行至马嵬驿，将士们饥渴交加，精疲力竭。在休息时，禁卫军统领陈玄礼把将士们聚集到一起。

> 各位，我们现在这样都是杨国忠害的！我这就禀告陛下，诛杀奸贼！

好

酉正（18：00）
听听太子的意见

陈玄礼托侍奉太子的宦官李辅国把事情报告给了太子李亨。李亨不置可否。

> 再让我想想！

李亨

戌初（19：00）
杀了他！

一群吐蕃使者在驿站外向杨国忠要粮食，士兵们看到之后大喊："杨国忠和吐蕃人谋反！"杨国忠逃到西门内，被乱刀砍死。

戌初一刻（19：15）
兵变啦！

杀红眼的士兵又杀掉了杨国忠的儿子杨暄，以及杨家姊妹韩国夫人、秦国夫人，还有御史大夫魏方进。另一个宰相韦见素闻乱而出，也被士兵们打得头破血流。

停！韦相是好人，别打了！

戌正（20：00）
皇帝的话也不管用

唐玄宗听到外面人说宰相杨国忠叛变，知道大事不好，便拄着手杖来到驿站门口，试图安抚将士们，但没人听他号令。

不好！

诸位将士，你们都是忠勇之士，先各自回营休息吧！

亥初（21：00）
贵妃也得死

唐玄宗派宦官高力士出去询问将士们还有什么要求，得到的回答是"贼本尚在"，即请求处死杨贵妃。

为什么？朕的贵妃做错了什么啊！

亥正（22：00）
不得不下决心

韦见素的儿子韦谔、宦官高力士全力劝导，唐玄宗终于下定决心。就这样，杨贵妃被缢死在佛堂。

> 陛下，众怒难犯！

> 贵妃虽然无罪，但将士已杀国忠，不杀贵妃，将士们害怕被报复啊。

> 爱妃，朕对不起你啊！

子初（23：00）
不怪你们

伤心又无奈的唐玄宗赦免了所有参与兵变的士兵，让陈玄礼好好安抚大家的情绪。

> 唉！大家早点休息去吧！

陛下圣明！陛下圣明！

贵妃之死

杨贵妃死后，据记载，埋在马嵬驿西边的路旁，唐玄宗和杨贵妃的故事最终以悲剧收尾，引得无数诗人为之感慨，如白居易以他们的爱情故事为题材，写就了叙事诗名篇《长恨歌》。

之后的故事

太子即位

兵变后，唐玄宗与太子李亨分开行军，唐玄宗继续逃往成都，李亨北上灵武。李亨被朔方军拥立为皇帝，称为唐肃宗，遥尊唐玄宗为太上皇。

大将郭子仪

安史之乱爆发后，朔方军大将郭子仪表现突出，唐肃宗任命他为兵部尚书、天下兵马副元帅，击退叛军。757年，郭子仪收复洛阳、长安，以及河东、河北大部分地区，因战功卓著，被唐肃宗封为代国公。

睢阳之战

安史之乱时，河南节度副使张巡在守雍丘十个月后，于757年移到睢阳抗击安史叛军，以数千人守城，又苦撑十个月，歼灭叛军十二万人，给了唐王朝足够的休养整顿时间。最终兵尽粮绝，遭杀害。

内讧的安史叛军

叛军内部爆发了严重的矛盾：757年，安禄山被儿子安庆绪杀掉，安庆绪自立为帝。759年，史思明又杀掉了安庆绪，两年后，他又被自己的儿子杀死。这么一折腾，763年，安史之乱最终被平定。

辉煌时代的结束

虽然安史之乱最终被平定，但严重破坏生产，人口锐减，地方的藩镇开始不服从中央的管辖，整个大唐元气大伤。这些问题，在之后的一百多年里，逐步地把唐朝拖向毁灭的深渊。

第五天

元和中兴

安史之乱后，藩镇割据现象严重，藩镇俨然成了独立王国，节度使死了就由其子侄或是亲信接任，而不受朝廷的控制。朝廷只能承认，不然就会爆发战争。不过，总算出现了一位懂得任用贤能、休养生息的皇帝唐宪宗。他决心结束藩镇跋扈的局面，征伐不服从管辖的藩镇，重振朝廷的权威。

唐宪宗

唐宪宗的计划进展顺利，一些反叛的藩镇都被平定收服，除了淮西强藩吴元济。可是，淮西周围的藩镇表面听话，暗里却偷偷帮助吴元济，以至于朝廷大军和叛军僵持了数年不能取胜。

申正（16：00）
奇袭开始了

征讨吴元济的随唐邓节度使李愬是个有勇有谋的人，他摸清楚了吴元济的兵力虚实，判断叛军的大本营蔡州（今河南省汝南县境内）防守空虚，决定奇袭蔡州。

这么大的风雪，我们要去哪里？

不要发问，只管东进！

酉正（18：00）
目的地有变

大军走了六十里，来到张柴村。消灭此处守卫后，李愬告诉大家目的地是蔡州，将士们脸色大变。

这一次我们要活捉吴元济！

啊

戌初（19：00）
冒着风雪行军

风雪越来越大，旌旗都被吹得裂开了。人马一一倒下，大家都觉得自己必死无疑了。

> 我们肯定会死在这里！

子初（23：00）
兵临城下

强行军七十里后，李愬终于率军到达了蔡州，他派人驱赶城池附近池塘里的鸭鹅，让它们的声音掩盖行军的声音。大军顺利地潜至蔡州城下。

> 我们趁机赶往城墙！

次日｜寅初（3：00）
登上城墙

李愬的手下在城墙上挖出一个个坑穴，登上城墙，杀掉护卫，留下打更人，令他继续打更，不要惊动叛军。

卯初（5：00）
官军到了

打开城门后，大军顺利地进入了蔡州。公鸡开始打鸣，风雪也停了下来，此时城中的人还在酣睡。吴元济还没有起床，等到他听到响动，准备抵抗的时候，大势已去。

> 捉拿吴元济！

> 官军到了？哪来的官军！

辰正（8：00）
平复叛乱

吴元济最终被俘，斩于长安。后来，天下藩镇重归朝廷管辖，大唐重现生机，这一段时期被称为"元和中兴"。

> 大唐中兴的时刻来了！

之后的故事

互相牵制的藩镇

唐朝后期，西北、西南边疆藩镇保证了边疆安全，江南藩镇则提供财政支持。藩镇间互相牵制，彼此需要，又常常有矛盾，中央政府这才得以存续。

被宦官扶上皇位的皇帝们

唐朝后期宦官专权，随意废立皇帝。安史之乱平定后的12位皇帝，有7位是宦官拥立的，有3位是被宦官毒死的。

昙花一现的中兴

元和中兴主要是军事上的胜利，但百姓还是过得苦。再加上唐宪宗统治后期又开始宠信宦官、贪图享乐，唐朝又陷入了宦官乱政、党争、藩镇重新崛起等一系列的混乱之中。

第六关

甘露之变

唐朝后期，除了藩镇割据之外，宦官专权也让人头疼不已。宦官掌管禁军，他们几乎可以架空皇帝，官员的任命和提拔都需要宦官同意，宦官甚至还敢毒杀和拥立皇帝。唐文宗就是在这样的情况下被宦官拥立登基的。但唐文宗不愿意被宦官控制，想要铲除宦官势力，夺回政权。

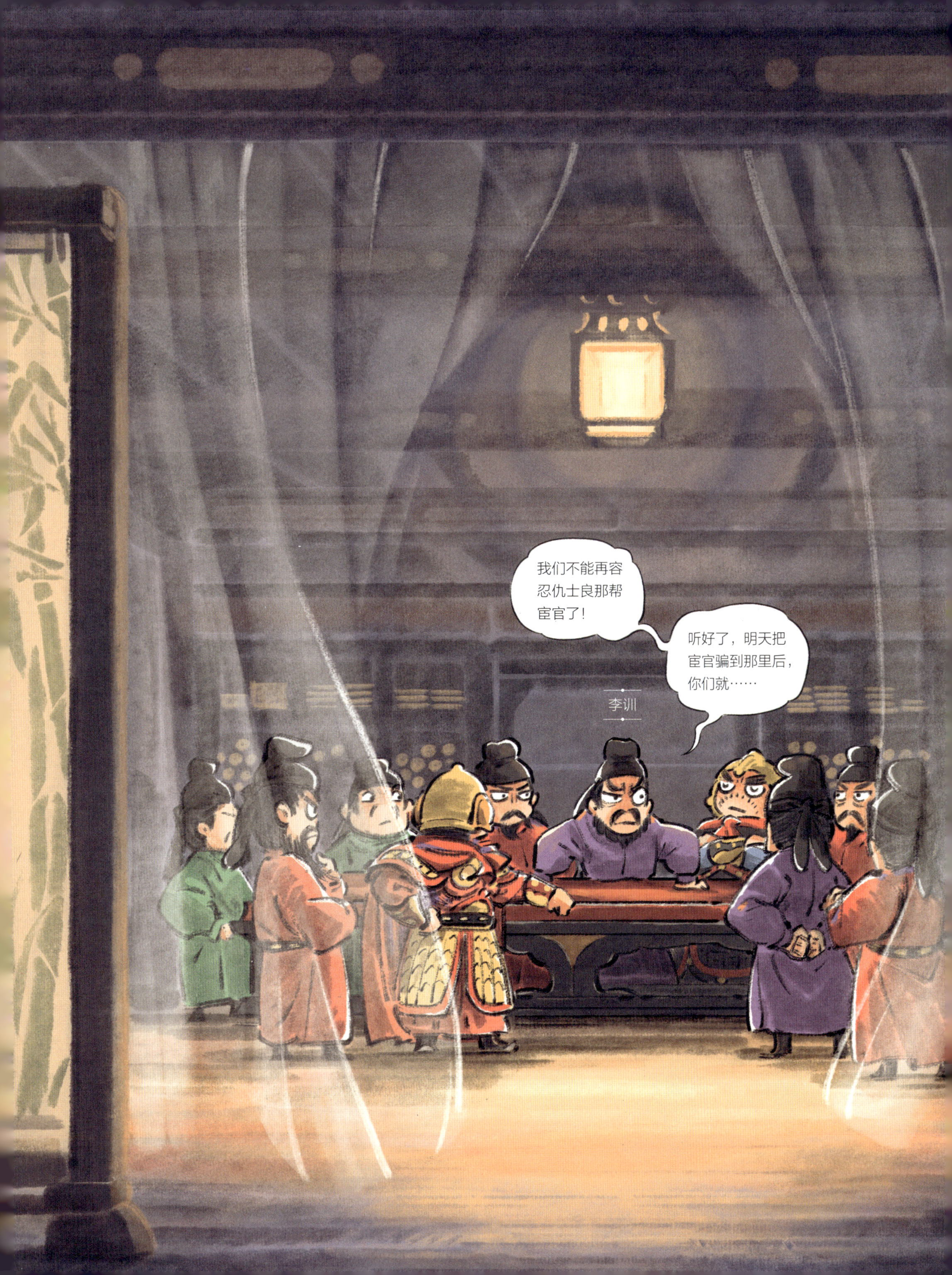
我们不能再容忍仇士良那帮宦官了!
听好了，明天把宦官骗到那里后，你们就……
李训

卯初（5:00）
开会了

今天唐文宗李昂端坐紫宸殿例行早朝，左金吾大将军韩约却没有像以往一样奏报四周平安，而是奏报了金吾卫后院的石榴树上天降甘露的祥瑞。

> **金吾卫**
>
> 唐朝负责京城和皇宫安全护卫工作的禁卫军指挥机构，分左、右金吾卫，各设金吾大将军一名。

天降祥瑞，这是上天都在护佑陛下！

陛下宜亲往观看，以受天赐的祝福。

唐文宗

好好好。

卯正（6:00）
开始下套

唐文宗坐软轿出紫宸门，登含元殿，命宰相李训和其他官员前去查看。

我们检查过了，感觉不太像甘露啊。

怎么会这样？

要不你们去看看？

李训

仇士良

辰初（7：00）
哪里不对？

宦官仇士良等人到石榴树旁查看甘露。韩约因为紧张过度，汗流满面，这让仇士良起了疑心。

韩将军，你这是怎么了？

啊

仇士良发现暗处藏有士兵，意识到事情不对，急忙逃回含元殿。

快进殿保护陛下！

陛下！金吾卫布置重兵，要造反了！

辰初一刻（7：15）
赶紧跑

仇士良等人不管不顾，把文宗塞进轿子里，抬起来就跑。他们认为只要带着皇帝跑回宫城，李训等人就没法把他们怎么样了。因此，一场激烈的追逐戏正式上演。

我话还没说完呢！陛下不可入宫！

事情紧急，请皇上回宫！

辰初二刻（7：30）
生死时速

殿台上乱作一团，好几拨人围杀宦官，杀伤宦官数十人。

混乱之中，唐文宗胆怯了，指责李训。李训毫无防备，一个宦官猛击李训胸脯。最终李训被打倒在地，他只能眼看着仇士良等人带着皇帝逃进了宫门。朝官惊散。

完蛋了！

辰初三刻（7：45）
终于安全了

惊魂未定的仇士良等人意识到是皇上策划了这场事变，开口大骂。

好你个皇上！我好吃好喝地供着你，你居然敢杀我！

朕错了……

亥初（21：00）
疯狂复仇

仇士良命神策军出宫搜捕参与这场事变的所有人。一整日下来，屠杀了大量朝官，株连者千余人，甘露之变最终失败。

之后的故事

大臣和宦官的争斗

唐朝后期，大臣和宦官斗来斗去。甘露之变之后，大臣锐减，宦官占了上风。大臣只好借助藩镇的力量来对付宦官，却又埋下了晚唐藩镇与宦官冲突的祸患。

短暂的复兴

唐文宗之后的唐武宗、唐宣宗都是有能力、有野心的皇帝，国势一度出现好转的迹象。可他们的寿命都不长，继任者缺乏他们的政治手段，唐朝很快又陷入了混乱。

衰微的唐朝

唐朝在各种混乱中摇摇欲坠地运行了百余年，宦官专权更像是催化剂一样，加速了唐朝的灭亡。

第七天

黄巢起义

唐朝末年，政治混乱，民不聊生。皇帝年幼，只知道吃喝玩乐，朝政完全由宦官庸臣把控。他们随意欺压百姓，把从百姓手里抢掠当作理所应当的事情。百姓实在是活不下去了，到处都爆发农民起义，其中规模最大的就是黄巢起义。

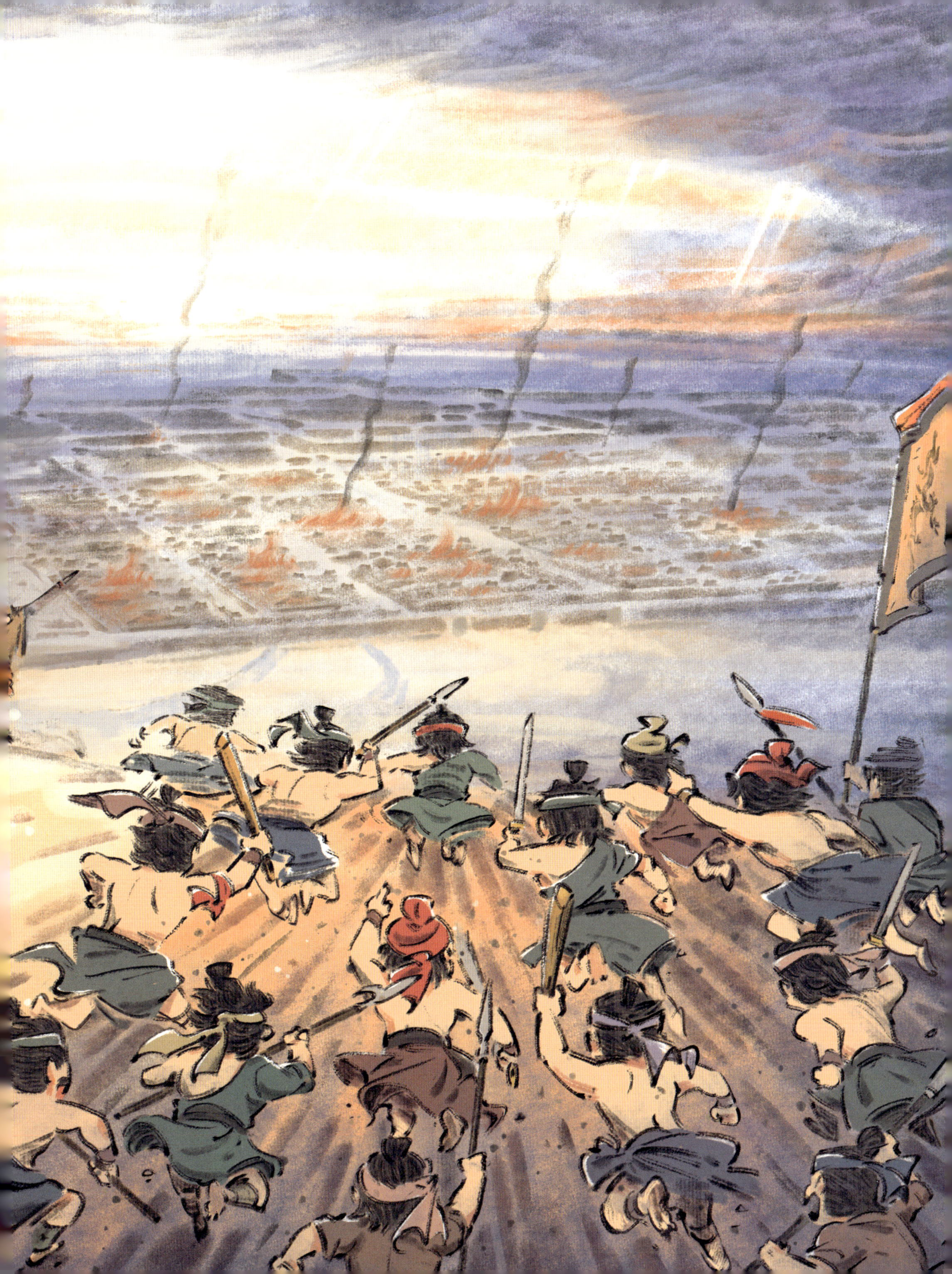

辰初（7：00）
大事不好啦

文武百官刚刚退朝出宫，禁军传来紧急消息：黄巢军队很快就要攻入长安。大家都惊慌失措，四处躲藏。

辰正（8：00）
快逃

宦官率神策军五百人，护送小皇帝唐僖宗李儇从金光门逃走。李儇只带了几个亲王和少数嫔妃随从。骑着马一路狂奔，随从甚至跟不上他。

唐僖宗

等什么等！等着被杀吗？

皇上！您等等我们啊！

巳初（9：00）
乱成一团的长安城

被困住的士卒和长安居民，闯进国库大肆抢夺金银财宝。

> 皇上都跑了，不拿白不拿！

> 我要这个！别跟我抢！

> 谁抢到就是谁的！

未正（14：00）
农民起义军进城了

黄巢军队开始进入长安，金吾大将军张直方率领文武百官前往灞上迎接黄巢。

张直方

> 不至于比现在的皇上更不靠谱吧。

> 这个人靠谱吗？

嗒嗒　嗒嗒

申初（15：00）
迎接黄王

黄巢乘坐着黄金装饰的肩舆出现了，两边的卫士披着头发，扎着红巾，拿着武器，紧紧跟随，铁甲骑兵一眼望不到头。

来了！

李唐皇帝不爱你们，只顾自己！

黄王起义是为了老百姓！

当皇帝试试

几天后，黄巢在含元殿登基称帝，国号大齐。黄巢没有趁势追击唐僖宗，这给了唐军一个喘息的机会。等到唐军开始反击的时候，大齐政权就开始走下坡路了。

万岁 万岁

之后的故事

洗城

黄巢的起义军起先很友善，还施舍穷人。可没多久，起义军就开始四处抢劫杀人。唐军归来时，老百姓欢迎王师。黄巢大怒，再次拿下长安后，纵兵屠城，称之为"洗城"。

铁衣著尽、著僧衣

在唐朝各路大军的围剿下，黄巢兵败，逃到一个叫狼虎谷的地方，被他的外甥林言所杀。也有传闻说黄巢是自杀的，更有传闻说他没有死，而是出家当了和尚。

谁都不忠的朱全忠

黄巢的手下朱温投降唐朝，唐僖宗赐名"朱全忠"。后来，朱全忠实力越来越强，干脆自己当了皇帝。他既不忠于黄巢，也不忠于大唐，全都不忠。

再次分裂的天下

唐朝灭亡后，各地藩镇纷纷自立为王，从朱温开始的好几个统治者都无力统一全国，中国进入了数十年的大分裂时期。

唐朝最终灭亡了

黄巢起义虽然没有直接推翻唐朝，但摧毁了唐朝的根基。一座高楼的地基损毁，最后的结果只能是倾颓。907年，朱全忠逼迫唐哀帝禅位，就此终结了延续289年的唐朝。

开放包容的长安

长安不仅是唐朝的都城,也是一座上百万人口的国际化大都市。强盛的国力、繁荣的经济、开放包容的社会,吸引着世界各地的人来到大唐,来到长安。长安的东西两市有几千家商铺,市集上的人来自各个国家,穿着各式服装。唐朝人有着足够的文化自信,敞开胸怀接纳他们带来的文化。外国人在长安城里定居生活,而且活得很舒服。

胡商:唐朝人把外国商人统称为胡商,其实他们来自数十个不同的国家。

骆驼:勤劳又耐渴的动物,是丝绸之路上常见的代步工具。

罗马金币:虽然罗马远在世界的另一头,罗马金币在长安却可以用于交易。

唐三彩:唐三彩是唐朝全盛时期的瓷器代表,不仅供国内使用,而且远销海外。

吴地丝绸:江浙一带出产的名贵丝绸,是商路上最有价值也最具代表性的商品之一。

邸店 人们吃喝、住宿的地方，当然，也是商人们谈生意的好去处，还可以存放货物。

胡旋舞 从西域康国、米国等传入中原的舞蹈，极具异域风情。

龟兹乐 古龟兹乐器丰富，有琵琶、箜篌、笛、笙、羯鼓等乐器。龟兹乐是当时的流行音乐，演出时一般需乐工20人。

胡饼 烧饼，上面有胡麻（芝麻），故名。也说是一种西域的面食，又叫"馕"，源于波斯语中的"面包"。

葡萄酒 从西域传来的果酒，上到皇帝，下到平民，都很爱喝。

遣唐使 日本为了学习唐朝的制度、文化与科技，专门派来的使节团队。

唐朝历史大事件

1 唐朝建立
618 年
李渊称帝，定国号为唐。

2 玄武门之变
626 年
李世民发动玄武门之变，不久后，李渊传位给他。

3 贞观之治
627 年
李世民改元贞观。之后几十年励精图治，政治清明，经济发展，国力强盛，史称"贞观之治"。

4 永徽之治
657 年
唐高宗李治即位后，灭西突厥，唐朝版图达到最大。为"开元盛世"奠定基础。

5 武则天称帝
690 年
九月九日，武则天登基，改国号为周，改元天授。

6 神龙政变
705 年
张柬之等人发动政变，唐中宗复辟。武则天退位。

7 开元盛世
713 — 741 年
唐玄宗统治前期，任用贤能，完善法制，大力发展农业、商业，经济非常繁荣，唐朝进入鼎盛时期。

8 安史之乱
755 年
安禄山和部将史思明在范阳起兵，长达8年的"安史之乱"爆发，唐玄宗逃往蜀中。

9 元和中兴
820 年
朝廷平定地方割据势力，结束了近60年的藩镇割据局面，元和中兴达到顶峰。

10 甘露之变
835 年
为帮唐文宗夺回大权，大臣李训、郑注等人以观赏"甘露"为名，策划谋杀宦官仇士良，事败被杀。

11 黄巢起义
878 — 884 年
黄巢领导的农民起义，严重动摇了唐朝的统治根基。

12 后梁代唐
907 年
朱全忠强迫唐哀帝禅位，自己登基当皇帝，唐朝灭亡。